Grosse Liebe ist...

Zärtliche Liebesbeweise
für sie und ihn –
gezeichnet von

Scherz

Reihe ,,Liebe ist . . .“

Reihe «Liebe ist...»

Titel des Originals:
«Love is...» by Kim Grove
Published by arrangement with
The New American Library, Inc., New York
Alle Rechte vorbehalten. Copyright © 1981
der deutschen Ausgabe beim Scherz Verlag,
Bern und München.

Liebe ist...

...wenn er zu ihr hält –
bei Regen und Sonnenschein.

Liebe ist...

*...die Überzeugung, dass das Leben
nur mit ihm schön ist.*

Liebe ist...

... sich im Zweifelsfall auf den
gemeinsamen Weg zu einigen.

Liebe ist...

...stets offen und ehrlich zueinander zu sein.

Liebe ist...

*... was beide ein Leben lang
brauchen wie Luft
zum Atmen.*

Liebe ist...

... etwas, das von Jahr zu Jahr tiefer wird.

*... wenn ein Streit nie
länger dauert als der Tag.*

Liebe ist...

... wenn er sie auch nach Jahren noch auf Händen trägt.

... wenn das Ja-Wort mehr ist als
« lebenslänglich ».

Liebe ist...

... wenn zwei sich von Herzen gratulieren, dass sie sich gefunden haben.

... wenn ihr Herz über den Verstand geht.

Liebe ist...

*... das Gefühl, das alt und jung
auf Wolken gehen lässt.*

... Luftschlösser mit ihr und für sie zu bauen.

Liebe ist...

. . . die Fähigkeit, sich selbst zu schenken.

... *das grosse Glück auf einer kleinen Insel.*

Liebe ist...

. . . wenn zwei Herzen im Gleichtakt schlagen.

*...was man nicht erst sagen muss,
weil man es fühlt.*

Liebe ist...

...wenn sie sogar im dicksten Regen
auf ihn wartet.

...das Glück in ihren eigenen
vier Wänden.

Liebe ist...

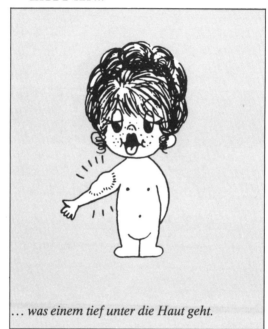

... was einem tief unter die Haut geht.

*... wenn man ein offenes Herz für die
Gefühle des anderen hat.*

Liebe ist...

... wenn sich zwei rundum gut verstehen.

*... wenn sie sich bei ihm wie auf
Wolken gebettet fühlt.*

Liebe ist...

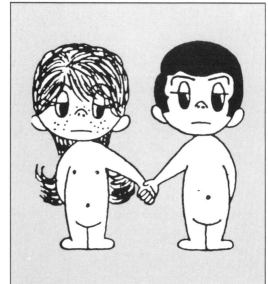

... die Gewissheit, dass in schlechten
Zeiten zwei stärker sind als einer.

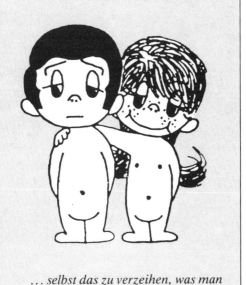

*... selbst das zu verzeihen, was man
eigentlich nicht verzeihen kann.*

Liebe ist ...

... wenn er ihr beweist, dass Casanova
nur ein Anfänger war.

... wenn sie mal was Liebes in sein
    Tonbandgerät flüstert.

Liebe ist...

... wenn einem immer wieder neue Kosenamen für den anderen einfallen.

... wenn man bei einem Krach merkt,
wie gern man sich in Wirklichkeit hat.

Liebe ist...

... wenn es ihm Spass macht, mit ihr einkaufen zu gehen.

... wenn sich zwei mal aus vollem Herzen «verschaukeln».

Liebe ist...

. . . das Gefühl, das beide zur selben Zeit und auf dieselbe Weise lächeln macht.

. . . wenn sie mal die Klagemauer für ihn spielt.

Liebe ist...

*. . . wenn sie vor lauter Sehnsucht nach ihm
fast verrückt wird.*

Liebe ist...

... *das, was nie aufhört.*

Liebe ist...

*. . . eine zärtliche Umarmung, wenn's
einem mies geht.*

. . . sein Wunsch, sie zu beschützen.

Liebe ist...

*...wenn sie dem starken Mann mal hilfreich
unter die Arme greift.*

Liebe ist...

...gemeinsam eine Brille und weisse Haare zu bekommen.

Liebe ist...

... sie in allen Lebenslagen über Wasser
zu halten.

... mal so richtig gemeinsam von Herzen zu lachen.

Liebe ist...

*... wenn sie versucht, ein paar seiner
Fehler zu übersehen.*

Liebe ist...

... wenn man den Partner nicht für seinen Besitz hält.

Liebe ist...

... ein wirklicher Mann zu sein, wenn sie sich hundeelend fühlt.

... auf einer Wiese zu sitzen und in den
Wolken die tollsten Sachen zu
entdecken.

Liebe ist...

... das glückliche Bewusstsein, dass nichts uns trennen kann.

Liebe ist...

*... wenn sich zwei Partner gegenseitig
respektieren.*

Liebe ist...

*... wenn er sie an einem grauen Regentag
mit einem Blumenstrauss überrascht.*

... *Arm in Arm am Strand einen Sonnen-
untergang zu geniessen.*

Liebe ist...

...was jung und alt treffen kann.

Liebe ist...

...mit wenig glücklicher zu sein
als andere mit viel.

Liebe ist...

*...das beglückende Bewusstsein,
einen Mann im Haus zu haben.*

*...wenn man den zärtlichen Kuss
auf die Nasenspitze noch nach
Stunden spürt.*

Liebe ist...

...das Gefühl, der 7. Himmel sei Fussgängerzone – nur für dich.

Liebe ist...

...das Gefühl, keine Luft mehr zu kriegen, obwohl man topfit ist.

Liebe ist...

... Seite an Seite zu stehen,
wenn einem das Wasser
bis zum Hals reicht.

*... wenn jeder für den anderen
der Grösste bleibt.*

Liebe ist...

...dieses komische Gefühl
im Bauch zu spüren,
wenn man an ihn denkt.

*... sich an die vielen
schönen Stunden mit ihm
zu erinnern.*

Liebe ist...

... ihn Abend für Abend so an
der Tür zu empfangen.

... eisern zu ihm zu halten,
wenn er mal keine Arbeit hat.

Liebe ist...

*... der erste Gedanke, der
jeden Morgen ihm gehört.*

Liebe ist...

*... wenn er sie nicht
daran hindert, sich frei
zu entfalten.*

Liebe ist...

*... weit voneinander entfernt
und sich doch nah zu sein.*

Liebe ist...

... wie Musik im Herzen.

Liebe ist...

... wenn sein 3427. Anruf so
sehnlich erwartet wird
wie sein erster.

Liebe ist...

...an einem ganz gewöhnlichen Tag Arm in Arm spazierenzugehen.

Liebe ist...

... wenn beide im selben Augenblick dasselbe denken.

Liebe ist...

... wenn man auch die anderen, gleich ausgestatteten Bändchen verschenkt:

Unsere Liebe ist...

Wahre Liebe ist...

Junge Liebe ist...

Ewige Liebe ist...

Lauter Liebe ist...

Zärtliche Liebe ist...

Herzliche Liebe ist...

Innige Liebe ist...

Romantische Liebe ist...

Beständige Liebe ist...

Und als ganz besonders zärtliche Lebenshilfe für sie und ihn:

Meine Liebe ist...

Deine Liebe ist...